VICTOR VIAJA

# VICTOR PASSEIA

**FICHA TÉCNICA**

| | |
|---|---|
| EDITORIAL | Augusto V. de A. Coelho<br>Marli Caetano<br>Sara C. de Andrade Coelho |
| COMITÊ EDITORIAL | Andréa Barbosa Gouveia<br>Iraneide da Silva<br>Jacques de Lima Ferreira<br>Marilda Aparecida Behrens |
| ASSESSORIA EDITORIAL | Bruna Fernanda Martins |
| COORDENAÇÃO - ARTE E PRODUÇÃO | Adriana Polyanna V. R. da Cruz |
| DIAGRAMAÇÃO | Nadiny da Silva |
| CAPA | Adriana Polyanna V. R. da Cruz |
| REVISÃO | Bruna Fernanda Martins |
| WEB DESIGNER | Carlos Eduardo H. Pereira |
| GERENTE COMERCIAL | Eliane de Andrade |
| LIVRARIAS E EVENTOS | Estevão Misael \| Milene Salles |
| ADMINISTRATIVO | Selma Maria Fernandes do Valle |

Editora e Livraria Appris Ltda.
Rua General Aristides Athayde Jr., 1027 – Bigorrilho
Curitiba/PR – CEP: 80710-520
Tel: (41) 3203-3108 - (41) 3030-4570
http://www.editoraappris.com.br/

Artêra
Appris editora

Printed in Brazil
Impresso no Brasil

Catalogação na Fonte
Elaborado por Sônia Magalhães
Bibliotecária CRB9/1191

Sydenstricker, Iara
S982 Victor passeia/Iara Sydenstricker; ilustrações, Tiago
2016 Cêrca. – 1. ed. – Curitiba: Artêra; Appris, 2016.
28 p.: il.; 21 X 15 cm. (Victor viaja)

Inclui bibliografias
ISBN 978-85-473-0354-9

1. Literatura infantojuvenil. I. Cêrca, Tiago. II. Título.
III. Série.

CDD 20. ed. – 028.5

VICTOR VIAJA

# VICTOR PASSEIA

Iara Sydenstricker
Ilustrações Tiago Cêrca

Artêra holística
Appris editora

*Para Leonardo*

A viagem acontecia há muito, muito tempo, quando Victor resolveu embarcar.

Na bagagem, levou o muito-pouco-tudo que tinha: curiosidade, imaginação, ideias e pensamentos. Coisas que a gente vai ganhando sem precisar carregar muito peso.

Então, deliberadamente – o quê? –, ele começou a conduzir seu início de viver.

Delibero porque quero
Na mente, ora
Deliberadamente
Onde o pensamento
Nasce, cresce e mora

De mala e cuia, Victor abriu a porta e avisou:

– Pai, mãe, já vou!
– Pra onde, filho? Com quem? A pé ou de trem?
– Vou no tempo... por aí... A vida vai me levar!

Começou pela rua, aquela enorme estação por onde não paravam de passar pessoas, carros e novidades.

Rua agitada a sua: larga, comprida, gulosa do movimento das outras.

Lugar de muito diz-que-diz, troca-troca, ti-ti-ti e tra-lá-lá:

Botequim de gente em pé
Duas bancas de jornal
Vendedor de picolé
E uma casa com quintal
Árvores, flores, a praça e o monumento
Escola, clínica, açougue, orelhão
O tempo todo era grande o movimento
Igreja, camelô, pedestres de montão
Lojas, Correios, supermercado
Toda semana, no sábado, feira
Hotel, pensão, restaurante lado a lado
Rua charmosa, gostosa, faceira

A rua continuava para cima, a céu aberto: prédios subindo (em concurso de altura), letreiros, luzes, faróis, postes e fios.

E se escondia para baixo, em misteriosos labirintos subterrâneos que Victor só descobriu no dia em que uns homens chegaram cavando buracos:

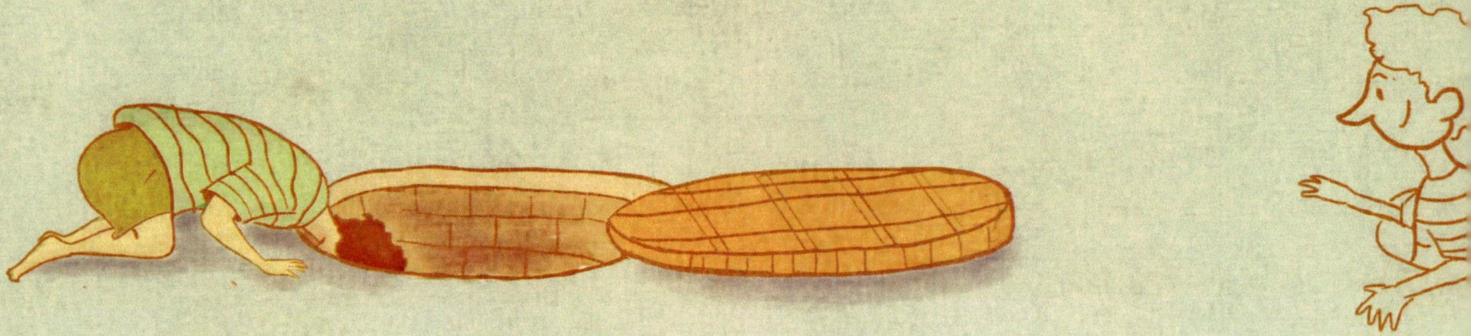

– Ei! Parem aí! Vocês não podem estragar a minha rua!
– Calma, neném! Nós viemos consertar o vazamento d'água!
– Água? Onde? Posso espiar aí dentro?
– Vem cá... Segure firme. Tá vendo?
– Ih! Quanta coisa aqui embaixo... Tubos, fios, terra...
– E até raiz de árvore. Satisfeito, mocinho?
– Muito! Tchau!

Victor seguiu viagem pensando como seriam os lugares subterrâneos da cidade...

Ele guardava seus segredos numa caixa de madeira, com tampa, presente do vovô.

Na caixa já havia muitas coisas, recordações de tempos da sua vida: bico de mamadeira, fralda, chupeta, chocalho e o ursinho. Tubo de pomada apertado, a meia amarela, rodas de carros, braço e perna do boneco Léo, algodão e um pedaço de bolo de aniversário. Barbante (que é sempre bom ter um pouco), cola, duas balas, três bolas, uma fita adesiva embolada e alguns buchichos.

De vez em quando, Victor espalhava tudo pelo chão e passava horas olhando e classificando as coisas. Que orgulho ele sentia das histórias que já tinha para contar.

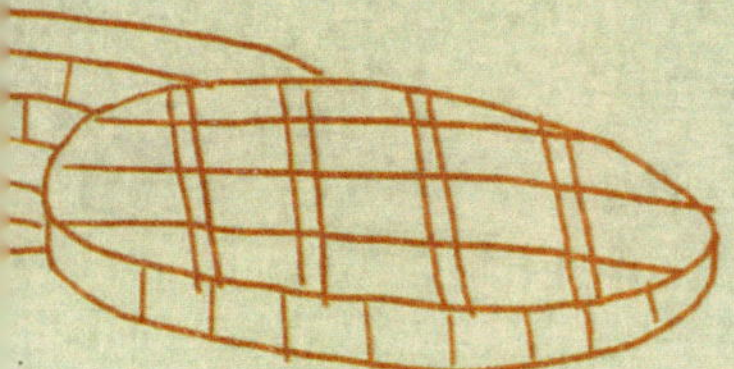

Ninguém conhecia a caixa por dentro. Nela, só Victor mexia. Imagine só, se alguém tira a tampa e descobre seus segredos! Nada disso! A caixa é individual: cada um tem a sua. Quem quiser que arranje uma, ou... desenhe a sua!

Victor crescia e conquistava independência. Já podia viajar para lugares bem mais distantes da sua casa. Aos poucos, foi percebendo o que era a cidade.

Subiu viadutos, atravessou avenidas, investigou quarteirões. Entrou em becos, parou em esquinas, espiou multidões.

Vigiou noites, correu dias, libertou-se em ventos. Sorrindo para o sol, banhou-se em chuvas de chafarizes e nisso foi descobrindo gente de todo tipo e lugar, gente que se encontrava e desencontrava.

Conversou com uns:

– Você mora lá ou cá?

– Sou de lá, mas trabalho pra cá.

– E lá é bom?

– É o lugar que consegui. Seria melhor se tivesse um pouco mais das coisas boas que tem por aqui.

E com outros:

– Você é daqui?

— Venho dali. Estou aqui a trabalho.

— E ali, é bom?

— É o lugar que escolhi. Seria melhor se não tivesse algumas das coisas ruins que têm por aqui.

Antigamente, ele achava que a cidade não tinha fim. Agora, começava a entender que a cidade também tinha limites. Limites que estavam sempre aumentando, mas eram limites. Todas as vezes que pisava em algum limite que já conhecia, encontrava outro, mais novo, logo à frente:

— Que coisa é esta, a cidade, que cresce sem parar?

Não satisfeito de só olhar, tocar e andar, Victor resolveu voar, porque achou que lá do alto daria para entender melhor o desenho e o funcionamento do mundo.

Enquanto só andou, maior e mais fragmentada a cidade parecia. Agora, quanto mais alto voava, menor e mais inteira a cidade ele via.

Fragmento é peça de quebra-cabeças
Pedaço de uma totalidade
Unidade de fragmentos
Que se pode ver fragmentada
Ou então, totalizada

Aproximação e distanciamento. Perto e longe. Duas compreensões do mundo. Duas maneiras de olhar para a mesma coisa.

Voando, Victor viu que a cidade era o enorme tabuleiro de um jogo de ruas e construções.

O tabuleiro, chamado sítio, é o espaço onde a cidade vai sendo construída.

Existem muitos tipos de sítio e milhares de combinações possíveis. Quer saber?

O sítio pode ser plano, montanhoso ou uma mistura dos dois.

Pode estar no mesmo nível do mar, na mesma altura, e, às vezes, bem encostadinho nele, como acontece com as cidades que têm praias.

Existem sítios muito mais altos que o nível do mar, como é o caso das cidades que ficam em serras montanhosas.

Outros sítios ficam perto de florestas ou lagos, no meio de restingas e também em caatingas.

Na verdade, é difícil escrever a lista d
de sítio. Então, é melhor você mesmo pe
da sua imaginação.

Enquanto voava, Victor desenhou mui
em pequeninas folhas de papel.

Que tal voar junto com ele? Então, pe
papel.

Se quiser, peça ajuda para alguém. A
é construída por muitas pessoas. Ninguém
cidade sozinho!

Pronto? Um, dois, três... Vamos lá!

Victor subiu, subiu, subiu... o mais alto

Daquela altura, as ruas pareciam traços,

Começou desenhando a rua onde mora

A rua era grande, lembra?

Um traço.

Acontece que ele viu que a sua rua acab
com outras duas ruas, uma de cada lado:

Um traço cruzando o começo do prim
cruzando o final do primeiro traço.

e todos os tipos possíveis
sar ou desenhar os sítios

os pedaços da sua cidade

ue lápis e pedacinhos de

final de contas, a cidade
n é capaz de fazer uma

que conseguiu.

riscos de lápis no papel.
a.

va quando encontrava

iro traço. Outro traço



rês ruas, que

encontrava m
a:
. Outro traço

desenhar o que
sta!
quando arrisca
a o seu jogo! Que
sua imaginação?
do a sua altura de
maiores e poderão
o o mais que você

Ah, quando acabar,
de vida).

Depois de voar, olhar e desenhar, Victor resolveu jogar.

Escolheu um prédio numa rua bem calma. Pousou no terraço e abriu seu tabuleiro.

Começou a combinar as peças em cima do tabuleiro.

Venha jogar também! Pegue o desenho do seu sítio: é o seu tabuleiro. Pegue os desenhos da cidade: são as suas peças.

Combinando as peças, Victor concluiu que era possível fazer muitas cidades diferentes. Jogou, jogou, até cansar...

Combinações são jogos
Que a imaginação inventa
Espaços, cores, formas
Que você experimenta

De repente, Victor teve uma grande ideia! Resolveu jogar ao contrário!

Em vez de inventar um sítio e desenhar uma cidade que já existia, preferiu CRIAR a sua própria cidade em cima de um sítio que já existia!

Bem depressa, Victor levantou voo outra vez e começou a procurar um lugar. Então, no final desse voo imaginário de verdade, ele viu o que estava procurando... Era um lugar lindo, cheio de vazios e vazio dos cheios que Victor iria construir.

Era hora de pousar.

Aos poucos, a noite chegou.

Deitado em seu sítio tabuleiro, Victor dormiu e sonhou.

Um sonho de lugar...

Sou escritora, roteirista, professora e arquiteta, e sempre pensei nas cidades como espaço das crianças, dos jovens, dos velhos, dos pobres, dos ricos, dos amantes, dos sonhadores, dos ambulantes, dos imigrantes, dos moradores, dos viajantes, de todo mundo. Se você, leitor, tiver vontade de bater um papo comigo, pode me enviar um e-mail. Vou ficar muito contente! Meu endereço eletrônico é o victorviaja@gmail.com e a fanpage é "Coleção Victor Viaja". Até mais!

*Iara Sydenstricker*

Sou estudante de Design e ilustrador desde que me entendo por gente. Me comunicar por meio do desenho sempre foi algo natural e eu sabia que mais cedo ou mais tarde iria fazer disso profissão. Este é o meu primeiro livro ilustrado, e espero que seja o primeiro de muitos.

*Tiago Cêrca*